JN078106

自分史上最高に
おいしくできる

ファビオ式
定番おうちごはん

ファビオ

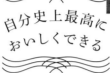

fabio's homestyle cooking

PHP

INTRODUCTION

まえがき

「家庭史上最高においしい料理」を届けたい

高校1年生の冬、イタリアのローマに駐在していた父のもとを訪れた僕は、初めて現地のイタリア料理と出合いました。それからというもの、イタリアを訪れるたびに食文化に夢中になっていき、イタリア料理人を志すようになりました。

ドイツとイタリアで修業をし、プロになって仕事をするなかで、スローフードの総本山でもあるイタリアで食の大切さを身にしみて感じました。

スローフードとは、安価で画一的な味のファストフードに異を唱え、食材や調理法、食べ方について見直し、本来の自然な食の姿に立ち戻ろうという運動です。

これは食材に限らず、料理をするときも同じで、ゆっくりと丁寧に食材を扱うことを意識していけば、そこからいい循環を作ることができ、料理はおいしくなります。

イタリアから帰国した僕は、都心で多忙な日常を送るなかで、食事も手軽な添加物の多いものが中心となっていき、体調を崩してしまいました。

プロでさえも目利きをしなければ自然な食にたどりつくことが難しい現状に嫌気がさし、その頃からできるだけ調味料は自家製に代え、口に入るものを整え始めました。僕が今、YouTubeなどで発信している「おもてなし料理」の原点もここにあります。

おいしいものは世にたくさんありますが、「"母の味"がやはり一番」という方は多いのではないでしょうか？　なぜ、母の料理はおいしく感じるのかと考えると、家族を想う気持ちが料理の技術をカバーしているからだと思います。

家庭料理には、日常で作る普段の料理と、時間に余裕がある休日などに大切な人のために作るおもてなしの料理がありますが、本書はその二つをバランスよく盛り込んだ内容となっています。

今のこのご時世で自宅で過ごす時間が増え、自炊する機会も増えていると思います。本書で紹介する料理から、自分や大切な人の未来に繋がるようなエネルギーも感じていただけたら、望外の喜びです。

まえがき

　「家庭史上最高に
　おいしい料理」を届けたい

料理をおいしくする4つのコツ

　1.基本の調味料…8

　2.野菜の切り方…10

　3.火加減…11

　4.下味・下処理…11

ベースの出汁のとり方

　野菜出汁…12

　ドライトマト出汁…13

　和風出汁…13

　魚出汁…14

　鶏出汁 …15

本書のルール…16

PART1

メインになる
定番おかず

ハンバーグ…18

もち入りロールキャベツ…20

豚バラの生姜焼き…22

◎鶏もも肉の下処理…24

鶏の唐揚げ…26

鶏チリと揚げレンコン…28

ストラチェッティディマンゾ…30

トリッパの煮込み…32

サーモンムニエル…34

鯛の出汁アクアパッツァ…36

ポテトグラタン…38

COLUMN 1

フレッシュハーブ活用術…40

CONTENTS

目次

PART2

彩りを添える
副菜・スープ

シーザーサラダ…42

お米のハーブサラダ…44

ペスカトーレカルパッチョ…46

洋風なすの揚げ浸し…48

イタリアのほうれんそう
　　おひたし…50

キノコのオイル煮込み…51

グリーンアスパラとズッキーニの
　　エスカベッシュ…52

なめらかマッシュポテト…53

じゃがいものロースト…54

タコのポテトサラダ…56

鶏といぶりがっこの
　　ポテトサラダ…57

たっぷり野菜のミネストラ…58

COLUMN **2**
ドライハーブ活用術…60

PART3

何度も作りたくなる
絶品パスタ・麺

ナポリタン…62

明太子パスタ…64

白舞茸のバターペペロンチーノ…66

納豆ミートパスタ…68

豚バラとカリカリ梅の
　　スープパスタ…70

うどんボロネーゼ…72

釜玉カルボナーラ…74

ビビンそうめん…75

鶏ラーメン…76

　ねぎ油…77

　味玉…77

　鶏チャーシュー…77

COLUMN **3**
料理に合ったパスタの選び方…78

PART4

"わが家の味"にしたい！
ごはんもの

ファビオのTKG（卵かけごはん）…80
焼きおにぎりの鯛茶漬け…81
チキンスパイスカレー…82
レモンガパオライス…84

COLUMN 4
料理に合ったお米の選び方…86

PART5

休日が待ち遠しくなる
POP料理

ダブルファビオバーガー…90
　りんごジャム…91
　バンズ…91
カツレツピッツァイオーラ…92
鶏ひき肉のアラビアータエッグ…94
パスタフリッタータ…96
ウォーバアッラクロック…98
イカの詰め物グリル…100

COLUMN 5
料理に合った
　オリーブオイルの選び方…102

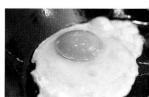

PART6

手作り万能ソース＆調味料

ソフリット…104

大人のケチャップ…105

香るタバスコ…105

やさしいマヨネーズ…105

香味野菜の万能ダレ…106

肉ふりかけ…106

食べるりんごドレッシング…107

ハーブオイル…107

にんにくオイル…107

食材別さくいん…108

あとがき

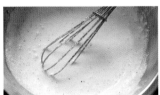

料理をおいしくする4つのコツ

料理を作っても、なんとなく味が決まらない、食感もいまひとつ、どこか臭みがある……といった悩みがある方も多いのではないでしょうか？　料理をおいしくするコツは、「素材のうま味をいかに引き出すか」という一点に

つきると思っています。そのためには、素材を引き立たせる調味料、切り方、火加減、下味・下処理の4つのポイントを押さえることが重要になります。少しの手間で、おいしさはぐんと引き上がります。

1. 基本の調味料

調理をする際に絶対に欠かせないのが、「水」「塩」「油」の3つの要素。このベースを良質なものにすることが前提となります。本書では、水はミネラルウォーターを使用していますが、良質な水であれば問題ありません。また、味つけに欠かせない塩は、精製されていない天然のものをおすすめします。やさしい味わいになるとともに、素材に浸透しやすく、味が入りやすくなります。

油は、エクストラバージンオリーブオイル、ごま油、そしてあっさりとした仕上がりになる米油を中心に使っています。一口にエクストラバージンオリーブオイルといっても、

産地やメーカーによって、それぞれに味の特徴があり、加熱に向いているもの、仕上げに使うものなど、用途によって、最も適したものを使い分けています。

そこまではハードルが高いという方も、まずは、「水」「塩」「油」の3つの質を意識することから始めてみてください。

他の調味料も、できるだけうま味や化学成分が添加されていない質のいい材料で作られた天然のものを使っています。

次頁で、スーパーや通販サイトなどで比較的手に入れやすく、家に常備しておきたいおすすめの調味料を紹介します。

ファビオおすすめ！ 調味料

塩

ほんのり甘みがあり奥行きを感じられる天然塩。クセがなく、食材の下処理の際には欠かせない。（「粟國の塩」沖縄海塩研究所）

砂糖

精製時に最低限の不純物しか取り除いていない「きび砂糖」。口当たりがやわらかで、コクがあるのが特徴。（日新製糖）

酢

原料にこだわっていて、お米のうま味が感じられる。よりまろやかな味を出したいときは、「富士酢プレミアム」を使用。（飯尾醸造）

醤油

合成保存料を使用せず、原料も国産にこだわっていて香りがよい。濃口のほかに、白醤油も愛用。（湯浅醤油）

鮎魚醤

一般の鰯の魚醤に比べて、繊細で何にでも合わせられる万能調味料。クセの強い料理に入れても味の調和がとれる。（まるはら）

めんつゆ

材料にこだわった2倍濃縮のめんつゆ。魚醤の代替としてうま味をプラスしたいときにも活用。（キッコーマン食品）

オリーブオイル

グリーンオリーブのフレッシュな香りとスパイシーな苦みがあり、料理を選ばず使いやすい。（「ICONO」マイスタヴェルク）

ごま油

油の質がよく、どんな料理にも合わせやすい。「マルホン太香胡麻油」はまろやか、「マルホン太白胡麻油」はコクが感じられる。（竹本油脂）

トマトピューレ

トマトを煮て裏ごししたもので、うま味が凝縮された濃厚な味わい。煮詰める時間が省けて時短にもなる。（シェフズチョイス）

2.

野菜の切り方

　料理の仕上がりイメージによって切り方は異なってきますが、基本は、「押し切り」ではなく、「引き切り」です。押して切ると、野菜の細胞がつぶれて、そこから辛み成分が出たり、水分が抜け出てしまい、料理の仕上がりが凛とした印象になりません。

　また、ギコギコとのこぎりのように何回も包丁を動かさないことも大切。スッとすべらせるようにして、一気に切ります。

　そのためには、包丁は研いでおき、調理台が低ければまな板の下に板を入れるなどして調節し、コンディションを整えることもポイントです。焦らず、自分の切れる量を丁寧に切ることを心がけてください。

引き切り

① 包丁を入れる

② 斜めにすべらせるように切る

③ 断面がつぶれていない

押し切り

① 包丁を入れる

② 下へ垂直に押すように切る

③ 断面がつぶれ、水分も出る

※にんにくなど、パンチを効かせたいときは押し切りをして繊維をつぶすとワイルドな味に。

3. 火加減

　弱火〜中火が基本で、本書のレシピも強火で調理することはほとんどありません。ゆっくり火を入れることで食材にストレスを与えず、うま味や水分が保たれます。

　食材が硬くなってしまったり、パサついたりといった失敗の原因は火加減が強すぎる場合が多いもの。急いで料理を仕上げようと、ついつい強火にしがちですが、

焦らず、ゆっくり火を通すのがおいしさへの近道です。

　また、フタをしないのもコツの一つです。フタをすると蒸れてしまい、食材の本来の香りが立たなくなってしまいます。蒸して火を通すものや煮込み料理など、コトコト長時間かけて調理するもの以外は、フタをしないで香り豊かに仕上げます。

4. 下味・下処理

　肉や魚などの食材は、ほとんどの場合、調理をスタートする際にまず塩をうちます。この作業をすると味が入りやすく、またムダな水分を抜くことで、食材のうま味が凝縮します。食材に満遍なく塩をして少し時間をおいてなじませ、水分が出てきたらキッチンペーパーなどでしっかりふき取ってください。

　また、本書ではタレやオイルに浸ける（マリネする）という方法もいくつか紹介しています。臭みを消したり、肉をやわらかく仕上げたりと、おいしさを格上げする調理法の一つです。

塩をうつ

さっと焼いた肉をマリネする

ベースの出汁のとり方

　香りや素材のうま味が凝縮された出汁は、料理の味を格段に引き上げてくれます。既製品の顆粒出汁などは、日々、時間のないなかでの調理には重宝しますが、少し余裕のあるときは、ぜひここで紹介する手作りの出汁をとってみてください。食材からとった出汁のうま味は滋味深く、料理が驚くほどやさしい味

わいに仕上がります。

　本格的な出汁は、長時間かけて仕込むイメージがありますが、ここでは、できるだけ簡単に、かつ最大限にうま味を引き出せる方法を紹介します。香りが逃げにくい出汁はまとめてとって、製氷器などに入れ、冷凍保存しておくのもおすすめです。

野菜出汁 》 野菜の甘みと香りが凝縮されたアロマ水。カレーやスープを作る際、水を野菜出汁に代えると、香りよく仕上がります。

材料・作りやすい分量

水…1ℓ
玉ねぎ…¼個
にんじんの皮…2本分

セロリの皮と筋…1本分
※そのほか、アスパラガスやトマト、長ねぎの外皮など野菜の皮、ズッキーニの種の部分など
パセリの茎…5g
昆布…5g（10cm×5cmほど）
塩…小1

① 鍋に水と昆布を入れる。

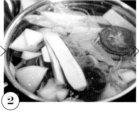
② 玉ねぎや野菜の皮、パセリの茎、塩を加え、中火にかける。
※野菜の皮はほかの料理で使った際に冷凍保存しておくと、繊維が破壊されてより香りが出やすくなる。

③ 沸騰したら弱火にして約15分煮出して香りを抽出し、ざるで濾す。

ドライトマト出汁 》

トマトは乾燥すると、うま味のグルタミン酸＋グアニル酸が増し、干しシイタケのような出汁がとれます。

材料・作りやすい分量

水…500㎖　ドライトマト…50g

 》

①
ボウルに水とドライトマトを入れ、一日冷蔵庫でおく。

②
翌日、①を濾す。

和風出汁 》

和食には欠かせない、鰹節と昆布の基本の出汁。鰹節のイノシン酸と昆布のグルタミン酸の相乗効果でうま味が増します。

材料・作りやすい分量

水…500㎖　鰹節…10g　昆布…10g（10㎝×5㎝を2枚）

 》

①
鍋に水、鰹節、昆布を入れ、中火にかける。

②
沸騰したら火を止めて、ざるにキッチンペーパーなどを敷いて濾す。

魚出汁 ≫ あらと昆布のグルタミン酸を掛け合わせることで、しっかりとしたうま味の滋味溢れる出汁がとれます。

材料・作りやすい分量

水…600㎖
鯛のあら（頭とカマ）…各1つ
昆布…10g（10cm×5cmを2枚）

塩…ひとつまみ
酒…大1

① 鯛のあらは手やキッチンばさみで裂き、流水で洗う。細かい部分は、竹串などを用いて、できるだけ丁寧に血合いを掻き出す。
※目の部分は取り除いておく。

② キッチンペーパーでしっかり水気をふき、バットに身側を上にして並べたら、鯛のあらの重量の約1％の塩（分量外）をして約10分脱水させる。

③ ②に熱湯をかけて、ぬめりや臭みをとる。

④ 鍋に③、塩、酒、水を加え、沸騰したらボコボコ沸かせないよう弱火にして約15分煮出す。

⑤ 火を止めたら昆布を加え、冷ましながら、昆布のうま味を抽出する。

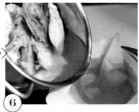

⑥ 冷めたら、ざるにキッチンペーパーなどを敷いてゆっくりと出汁を濾す。

鶏出汁

>> 鶏むねのひき肉はうま味の宝庫。鶏出汁は手間のかかるイメージがありますが、短い時間で驚くほどしっかりした出汁がとれます。

材料・作りやすい分量

一番出汁
冷水…1.5ℓ
鶏むねひき肉…500g
昆布…10g（10cm×5cmを2枚）
塩…小1

二番出汁
水…750㎖
塩…ひとつまみ

① ひき肉に塩をし、ヘラで混ぜたらラップをフィットさせて（落としラップ）、約10分なじませる。

② ①に冷水を少しずつ加え、かき混ぜる。
※冷水からゆっくりと温度を上げていくことでうま味が引き出される。

③ 弱火にかけ、ゆっくりと温度を上げていき、沸騰前のポコポコするかしないかくらいの温度（約90℃）で約40分煮出す。途中、アクをすくう。

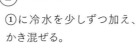

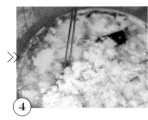
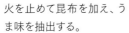

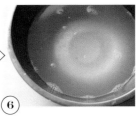

④ 火を止めて昆布を加え、うま味を抽出する。

⑤ 冷めたら、ざるにキッチンペーパーなどを敷いて④をゆっくりと濾す〈一番出汁〉。

⑥ 鍋に水と⑤で濾したひき肉、塩をひとつまみ加え、沸騰しないくらいの温度で約20分煮出す。濾したものが〈二番出汁〉。

本書のルール

- 小さじ1は5㎖、大さじ1は15㎖です。
- ひとつまみは、親指、人差し指、中指でつまんだ分量、適量はちょうどいい分量です。
- 材料のオリーブオイルは全てエクストラバージンオリーブオイルを使用し、調理によって種類を使い分けています。また、水はミネラルウォーターを使用しています。

- バターは、全て無塩バターを使用しています。有塩バターを使う場合は、塩分を調節してください。
- オーブンは電気オーブンを使用しました。方式や機種により温度や時間を調節してください。
- 作り方の写真は、表示の分量通りとは限りません。あくまで目安としてください。

PART 1・MAIN DISH

メインになる定番おかず
10品

ちょっとしたコツで、いつものおかずも極上ごはんになります。唐揚げや生姜焼きは、時間がたってもおいしさが長持ちするので、お弁当にも最適。

ハンバーグ

≫ 水を入れて蒸し焼きにすることで、オーブンを使わなくてもふっくらジューシーに仕上がります。
タネを多めに作っておけば、いろいろな料理にアレンジできて便利！

材料・2人分
牛豚合びき肉…250g
玉ねぎ…½個 (100g)
卵…½個
麩 (パン粉でもOK) …25g
牛乳…50㎖
バター…15g
ナツメグ…小¼
塩…①は適量、②は小½
黒こしょう…小½
りんごドレッシング (p.107参照)
　…適量

① フライパンにバターを溶かし、粗みじん切りにした玉ねぎを入れて軽く塩をし、透明になるまで炒めたら、バットに入れて冷ましておく。

② ボウルにひき肉を入れ、塩・黒こしょうをして、粘りが出て白っぽくなるまでこねる。

③ ②に卵、ナツメグ、①の玉ねぎ、牛乳で戻した麩 (保水性が高い) を加え、さらに混ぜ合わせる。

④ ③を冷蔵庫で約30分寝かせ、成形して、再度冷蔵庫で焼くまで冷やしておく。

⑤ フライパンを熱し、中央をくぼませたハンバーグを弱火で焼く。このとき、肉から出る余分な脂は、そのつどふき取る。

⑥ 両面がこんがり焼けたら、150㎖ほどの水 (分量外) を入れ、フタをして2、3分蒸し焼きにする。裏返してさらに2、3分蒸し焼きにし、中央が膨らみ弾力が出たら取り出す。

⑦ りんごドレッシング (米油を入れていないもの) を温め、⑥にかける。

POINT_1

ひき肉は、このくらいになるまで
しっかりこねる。

POINT_2

水を入れて蒸し焼きにすること
で中まで火が通る。

もち入りロールキャベツ

鶏出汁がしみ込んだ、とろとろやわらかなロールキャベツ。
洋食レストランで覚えた、楊枝を使わない巻き方も紹介します。

材料・8個分

キャベツ…1玉
ハンバーグのタネ（p.18参照）
　…320g
切りもち…4個
鶏二番出汁（p.15参照）…400㎖
ローリエ…2枚

① キャベツは芯の周囲に切れ目を入れて芯を抜き取る。大きめの鍋に湯を沸かし、湯の容量の1%の塩（1ℓで10g、分量外）を加え、芯をくり抜いた方を上にして丸ごとゆでる。

② 外側から一枚ずつはがし、流水にさらす。

③ 水気を切った②の硬い芯の部分を包丁で削いで平らにし、小・中・大の3種類の大きさに分けておく。

④ ハンバーグのタネを8等分し、それぞれに半分に切ったもちを入れる。

⑤ ③のキャベツの小に④のタネを入れて包んだら、中で巻き、さらに大で巻く（8個分、同じように包む）。

⑥ 鍋に⑤を敷き詰め、鶏出汁を加え、ローリエを入れて弱火にかける。沸騰しないくらいの温度（約90℃）で約40分煮込む。

POINT_**1**

巻きすのように肉ダネをくるくると包む。

端のキャベツを指で中に押し込む。※小・中・大で3回繰り返す。

豚バラの生姜焼き

≫ お肉をさっと焼いて余熱で火を通し、マリネ。いつもと同じ材料でも調理法を変えるだけで、
驚くほどやわらかくジューシーに仕上がります。

材料・2〜3人分

豚バラ肉…350g
玉ねぎ…½個 (100g)
生姜 (あれば新生姜)…40g
にんにく…1片 (10g)
みりん…大2強
酒…大2
醤油…大2強
はちみつ…大½弱
ごま油…大2
塩…適量
黒こしょう…適量

(1) 豚バラ肉をバットに一枚ずつ広げ、軽く塩・黒こしょうをする。

(2) 玉ねぎ、生姜、にんにくをすりおろす。

(3) 小鍋にごま油 (大1) を熱して②を入れたら、弱火で汁気を煮詰めて香りをしっかり出す。

(4) ③にみりんと酒を加え、アルコール分を飛ばしたら、醤油、はちみつを入れて汁気を煮詰める。

(5) フライパンにごま油 (大1) を熱し、①の豚バラ肉をしゃぶしゃぶするイメージでさっと焼き、バットに移して肉を重ねて保温しておく (余熱で火を通す)。

(6) ④のタレを⑤に加え、5分ほどマリネする。

(7) フライパンを熱して⑥のタレを入れ、豚バラ肉を加えて温まったら盛り付ける。

POINT_ **1**

肉には火を入れすぎず、少しピンク色が残る程度で引き上げる。

POINT_ **2**

マリネしたら落としラップをして、なじませる。

鶏もも肉の下処理

鶏もも肉は、そのままでも使えますが、ひと手間かけて大きな筋や余分な硬い脂肪などを取り除くと、口にしたときに違和感がなく、食感も味も格段にアップします。

本書で紹介する鶏もも肉の料理は、必ずこの下処理を行っています。時間に余裕があるとき、おもてなしの料理のときには、ぜひトライしてみてください。

① 鶏もも肉には、身からはみ出た筋が集まっている箇所がある。

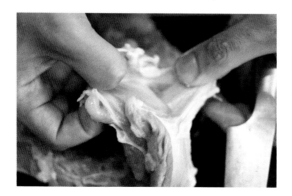

② 皮の端を引っ張り、少しはぐ。

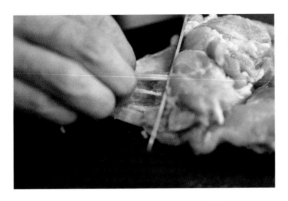

③

皮を下にして筋を引っ張りながら、包丁で押すように少しずつこそいでいき、硬い筋の端まできたら、切り離す。

④

軟骨があれば、取り除く。

⑤

ほかに、目立った硬い脂肪や筋があれば取り除く。

※取り除いた筋は冷凍しておき、鶏出汁をとるときに使う。

鶏の唐揚げ

≫ 二度揚げで、外はサクサク、中はジューシーに。
時間がたってもサクサク感が保てるので、お弁当にも最適な究極のおうち唐揚げです。

材料・2人分

鶏もも肉…1枚（250g）
A 醬油…大1
オリーブオイル…小1
きび砂糖（みりんでもOK）…大½
生姜…⅓かけ（3.5g、すりおろし）
にんにく…小¼片（1g、すりおろし）
片栗粉…10g
米粉…100g
米油（揚げ油）…適量

① 鶏もも肉をやや大きめの一口大に切る。

② ボウルに①とAを入れ、10分〜1時間ほど漬け込む。

③ 別のボウルに米粉を用意し、②の肉を一つずつ加え、粉をつける。バットにくっつかないように並べて冷蔵庫に入れ半日ほど乾かす。

④ 揚げ油を用意し、160℃で1分揚げたらいったん引き上げて2分おき、余熱で火を通す。180℃に温度を上げ、さらに2分ほど、カラッとなるまで揚げる。好みでレモンを添える。

POINT_ **1**

粉をつけて冷蔵庫で乾かすことで、揚げてから時間がたってもカラッとする。

POINT_ **2**

皮を外側に張った状態で丸めると、形よく揚がる。

鶏チリと揚げレンコン

>> まかないでよく作っていた、食べ応え抜群の一品。
ピリッと辛いチリソースは、定番のエビや白身魚にももちろん合います。

材料・2人分

鶏もも肉…1枚（300g）
レンコン…200g
A｜ にんにく…½片（5g、すりおろし）
　｜ 塩…小1弱
　｜ 黒こしょう…適量
　｜ 酒…小1
　｜ 片栗粉…大1
米粉…適量
長ねぎ…½本（60g）
米酢…小½強
塩…適量
米油（揚げ油）…適量
チリソース
　｜ にんにく…小1片（10g）
　｜ 生姜…1かけ（10g）
　｜ 豆板醬…小2弱
　｜ 自家製ケチャップ（p.105参照）
　｜ 　…大3と½弱
　｜ 鶏二番出汁（p.15参照）…200㎖
　｜ きび砂糖…大1と小1
　｜ 白ごま油…適量

① ボウルに一口大に切った鶏もも肉とAを入れ、なじませておく。

② レンコンは皮をむいて半分にし、厚め（0.8㎜幅ほど）の半月切りにしたら、水にさらす。

③ 180℃の揚げ油で②の水気を切ったレンコンを素揚げし、軽く塩をふる。①の鶏もも肉は米粉をまぶし、カラッと揚げる。

④ チリソースを作る。フライパンに、白ごま油とにんにくと生姜のみじん切りを入れて加熱し、香りが出たら、豆板醬を加えて油になじませ、香りを立たせる。ケチャップと鶏出汁、砂糖を入れてひと煮立ちさせる。

⑤ ④に③を入れ、長ねぎのみじん切りを加えて照りが出るまで煮詰め、最後に米酢を回し入れる。

POINT_ 1

豆板醬は油の中にしっかり溶け込ませると香りが立つ。

POINT_ 2

長ねぎは、前日にみじん切りにし、キッチンペーパーにのせて脱水させると辛みが甘みに変わる。

ストラチェッティディマンゾ

牛の薄切り肉を炒めたローマの伝統料理。みずみずしい野菜が肉と調和し、刻んだミントのエレガントな香りが口の中に広がります。チーズのコクも相まって後を引くおいしさ！

材料・2人分

牛もも肉スライス…200g
アスパラガス…3本
ミニトマト…6個
スペアミント…8枚
にんにく…1片
ルッコラ…適量
パルミジャーノレッジャーノ…適量
バルサミコ酢…大1
塩…適量
黒こしょう…適量
オリーブオイル…適量

① 牛もも肉をバットに広げ、塩をふって水分が出たらキッチンペーパーでふき取る。すりおろしたにんにくとオリーブオイルを塗り、1時間ほどマリネする。

② 温めたフライパンにオリーブオイルをひき、5cm長さに斜め切りにしたアスパラを軽く焼く。半分に切ったミニトマトは断面を焼き固めてそれぞれバットに移す。

③ ①の牛もも肉を一枚ずつ広げてさっと焼き、バットにあげ余熱で火を通す。

④ フライパンに少量のオリーブオイルをひき、②のアスパラを入れたら塩をふり、千切りにしたミントを加え、香りを立たせる。③の牛肉と②のミニトマトを入れる。

⑤ 皿に④を盛り、ルッコラ、ピーラーでスライスしたパルミジャーノレッジャーノを飾り、黒こしょう、バルサミコ酢、オリーブオイルを回しかける。

POINT_**1**

牛肉に、オリーブオイルをハケで塗って保湿する。

POINT_**2**

アスパラ、牛肉とミニトマト、それぞれ軽く焼いたものを最後に合わせる。

トリッパの煮込み

≫ イタリア版モツ煮込み。イタリア語のトリッパは日本では「ハチノス」と呼ばれる食材です。
トリッパの食感とトマトのうま味がやみつきに。ハチノスを豚モツや牛モツに代えてもOK。

材料・2人分

ハチノス（下処理済み）…200g
白いんげん豆の水煮…80g
にんにく…1片
赤唐辛子…1本
トマトピューレ…100㎖
ソフリット（p.104参照）…90g
野菜出汁（p.12参照）または水
　…125㎖
白ワイン…大2
塩…適量
オリーブオイル…大1
スペアミント…適量

① フライパンに、つぶしながらみじん切りしたにんにくと赤唐辛子、オリーブオイルを弱火で加熱し、香りが立ったら、短冊に切ったハチノスを加え、軽く塩をふってよく炒める。白ワインを加えたら、強火にしてアルコール分を飛ばし煮詰めていく。

② ¼くらいになるまで白ワインが煮詰まったら、煮込み用の鍋に移し、トマトピューレ、ソフリット、白いんげん豆の水煮、野菜出汁を加え、ハチノスがやわらかくなるまで約40分、中火で加熱する。

③ ハチノスが食感が残る程度にやわらかくなったら皿に盛り付け、千切りにしたミントを散らす。

※ハチノスは下処理の仕方によって硬い場合があります。その場合は、①の調理に入る前に野菜出汁で好みの硬さにゆでてください。

POINT_**1**

ハチノスやモツは臭みがあるので、にんにくのオイルの中でしっかりと炒める。

POINT_**2**

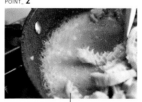

強火で白ワインをしっかり煮詰めていく。

サーモンムニエル

サーモンは生でも食べられる魚なので、焼きすぎないのがポイント。少しレアの絶妙な焼き加減で仕上げると、口の中でほろっと崩れ、しっとりとしていて甘みを感じられます。

材料・2人分

トラウトサーモン…200g
アスパラガス（細いもの）…5、6本
小麦粉…適量
塩…適量
黒こしょう…適量
オリーブオイル…適量
ハーブオイル（p.107参照）…大1
粒マスタード…10g
タプナードソース
| オリーブ…40g
| ケッパー（酢漬け）…17g
| アンチョビ…25g
| オリーブオイル…大1と小1
| レモン果汁…小1
| レモンの皮…少々

① タプナードソースを作る。オリーブとケッパーを細かく刻み、他の材料をブレンダーで攪拌（かくはん）し、合わせる。

② サーモンの両面に強めの塩をして、10分ほどおいてしっかり脱水させる。

③ アスパラは縦半分に切り、フライパンで素焼きしオリーブオイルを少しかけ、軽く塩をふる。

④ ②のサーモンの水気をキッチンペーパーでふき取り、小麦粉を満遍なくまぶしてはたく。フライパンに少量のオリーブオイルを入れ、弱火で皮面だけ軽く焼き、黒こしょうをふる。

⑤ ④を半分に切り、180℃のオーブン（またはトースター）で2分焼いたら、少量のオリーブオイルをひいたフライパンで再度焼き色をつける。

⑥ 皿に⑤と③のアスパラを盛り付け、ハーブオイルをかけ、タプナードソースと粒マスタードを添える。

POINT_ 1

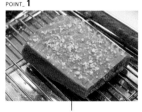

サーモンは脂分が多いので、しっかり塩をして脱水させる。

POINT_ 2

オーブンから出したとき、表面がほんのり色が変わる程度に火を通す。

鯛の出汁アクアパッツァ

>> 切り身でできるお手軽アクアパッツァ。出汁をかけながらゆっくり火を通すことで、
身がふっくらとやわらかな仕上がりになります。

材料・2人分

鯛の切り身…2切れ
ズッキーニ…⅓本 (70g)
ミニトマト…5個
にんにく…1片 (10g)
生海苔 (あおさでもOK)…6g
魚出汁 (p.14参照)…250㎖
魚醬…小1と½弱
塩…適量
オリーブオイル…大1と小1

① 鯛の切り身に塩をし、表面に水分が出てくるまで5〜10分脱水させたら、水気をふき取る。

② フライパンにオリーブオイル、包丁の腹でつぶしたにんにくを入れ、弱火でゆっくり香りを出す。にんにくの周りに泡が立ってきたら、①の鯛を皮面から焼く。このとき、ヘラなどで押さえて身が反り返らないようにし、皮に焼き色がついたらバットにいったん移す。

③ ②のフライパンに、7㎜幅の輪切りにしたズッキーニを入れ、軽く塩をふって両面に焼き目をつける。半分に切ったミニトマトも焼き、それぞれバットにあげておく。

④ ③のフライパンに魚出汁と魚醬を加え、沸いたら②の鯛と③を戻し、弱火で加熱する。

⑤ 生海苔と④を皿に盛り付け、仕上げにオリーブオイル (分量外) をかける。

※バーナーで鯛の皮をあぶると香ばしく仕上がる。

POINT_1

焼いたときに身が縮まないよう、鯛の皮に包丁を入れておく。

POINT_2

鯛に魚出汁をかけながら、弱火でゆっくり火を通す。

ポテトグラタン

>> じゃがいものホクホク感が楽しめるフランスの郷土料理。
野菜出汁で煮るので、重くならずあっさりとした味わいです。

材料・2〜3人分

じゃがいも（男爵）…2個（300g）
玉ねぎ…¼個
ベーコン（ブロック）…200g
にんにく…2片
ミニトマト…6個
野菜出汁（p.12参照）…200㎖
生クリーム…200ml
ミックスチーズ…70g
トリュフオイル…数滴
黒こしょう…適量
オリーブオイル…大1

① にんにくは半割りにして、包丁の腹でつぶす。じゃがいもは皮をむき、半分にしてから7㎜幅に切る。玉ねぎはスライスし、ベーコンは厚めの短冊切りにする。

② フライパンにオリーブオイルを熱してにんにくを炒め、ベーコンを入れて香りが出たら、玉ねぎを入れる。しんなりしたら、じゃがいもを加え、さらに炒める。

③ ②に野菜出汁を加え、汁気がなくなるまで煮詰める。火を止めたら、トリュフオイルを数滴加える。

④ ③を耐熱皿に移し、ミニトマトのスライスを入れて黒こしょうをふり、生クリーム、ミックスチーズをのせて、190℃のオーブンで約20分焼く。

⑤ 皿に④を盛り付け、食べる直前に好みでパルミジャーノレッジャーノを削りかける。

POINT_ **1**

このくらい汁気がなくなるまで煮詰める。

POINT_ **2**

ミニトマトはじゃがいもの間に挟む。

COLUMN

1.

フレッシュハーブ活用術

．．．

料理に香りや風味をつけたり、彩りを添えたりと、フレッシュハーブを使いこなすと料理の幅はぐんと広がります。オイルに香りが移りやすいので、油でじっくり炒めたり、ハーブオイルにして活用するのもおすすめ。料理に使いやすい5つのハーブを紹介します。

．．．

バジル (スイートバジル)

甘みのある爽やかな香り。トマトと相性がよくイタリア料理をはじめ、ガパオライスなどのエスニック料理にも欠かせない。ミニバジルは、葉もやわらかく香りも強くないのでサラダ感覚で使いやすい。

イタリアンパセリ

パセリよりも葉がやわらかく爽やかな香り。鮮やかな緑で、飾りとして使いやすく用途は多様。茎は少し苦みがあるが、刻んで肉や魚、卵料理などさまざまな料理に合わせやすい。

スペアミント

清涼感のある香り。デザートなどに飾りで添えられるイメージだが、刻んで料理に入れるとしそのような香りが立ち、エレガントな味を楽しめる。

ローズマリー

清々しく、強い香りが特徴で加熱調理に向く。弱火でゆっくりオイルに香りを移し、鶏肉やじゃがいもをローストすれば相性抜群。クセのある肉の臭み消しにもなる。

ディル

ふさふさとしたやわらかく細い葉が特徴。爽やかな香りで、ほろ苦い風味がある。サーモンなどの魚介と合わせやすく、生クリームなどの乳製品とも相性がよい。

PART 2 · SIDE DISH & SOUP

彩りを添える副菜・スープ 12品

メインに添えたい野菜たっぷりのレシピが満載！　お酒のつ
まみにもなる、しっかりとした味なので、作り置き必須です。

シーザーサラダ

》 定番サラダも、ブーケのように美しく盛り付けると特別な日の一品に。
チキンやトマトが入り、ボリュームも満点です。

材料・2人分
レッドオーク・リーフレタス…½玉
鶏チャーシュー（p.77参照）…60g
ミニトマト…6個
塩…適量
黒こしょう…適量
オリーブオイル…適量
ピスタチオ…適量
エディブルフラワー…適量
パルミジャーノレッジャーノ…適量

シーザードレッシング

自家製マヨネーズ（p.105参照）
…大1と½弱
にんにく…1片（すりおろし）
レモン汁…小2
牛乳…大2
粉チーズ…20g
黒こしょう…適量

POINT_1

ドレッシングでマリネしたレタスの間に具を入れる。

1. シーザードレッシングを作る。容器に材料を全て入れ、よく混ぜる。

2. レタスを¼にカットにし、氷水に浸けてシャキッとさせておく。

3. 鶏チャーシューは、手で裂いて塩・黒こしょうをふり、オリーブオイルをかけておく。

4. バットに①を入れて、水気を切った②のレタスをマリネしたら、レタスの葉の間に、③、半分に切ったミニトマトを挟み込む。

5. 皿に④をのせ、砕いたピスタチオとエディブルフラワーを飾り、パルミジャーノレッジャーノを削りかける。

お米のハーブサラダ

暑い夏など、さっぱりしたいときに最適なお米のサラダ仕立て。
塩味がしっかりしているので、白ワインのつまみとしても最高です。

材料・2人分

イタリア米（粘り気の少ない日本米でもOK）
　…100g
ツナ油漬け…1缶（70g）
ミニトマト…8個
きゅうり…1本
オリーブ…6個
レモンの果肉…5g
レモンの皮…適量
ディル…3本
バジル…小さい葉6枚ほど
イタリアンパセリ…3g
塩…適量
黒こしょう…適量
米酢…大1と小2
オリーブオイル…大1と½強

① 鍋に湯を沸かし、湯の容量の1.5%の塩を加え、イタリア米を入れて22分ゆでる（日本米の場合は約15分）。

② ボウルに米酢、オリーブオイル、塩・黒こしょうを入れてよく混ぜたら、ツナ、種を取り除いて細かくちぎったオリーブを入れる。

③ きゅうりはスティック状に切り、種の部分を削いで5mm幅にスライスする。軽く塩をしてしばらくおいて水気を切り、②に入れる。ミニトマトは1/4にカットする。

④ ゆで上がった①の米と刻んだディル、バジル、イタリアンパセリを②に入れる。氷水を張ったボウルに当てながらゴムベラで混ぜ、味を入れていく。

⑤ ④に③のミニトマトとほぐしたレモンの果肉を入れ、レモンの皮をすって軽く混ぜる。

POINT_**1**

きゅうりの種の部分は食感が悪いので削ぐ。

POINT_**2**

米を冷ましながら混ぜ、味を入れていく。

ペスカトーレカルパッチョ

> わさびオイルであえたグレープフルーツと魚介が
> 絶妙にマッチし、爽やかな香りが広がる一皿。
> タコの吸盤や貝を入れると、コリコリとした食感を
> 楽しめます。

材料・2人分

刺身盛合せ（お好みの具材で）
- 鯛…4切れ
- タコ…6切れ
- ミル貝…4切れ
- ホヤ…4切れ

ラディッシュ…1個

グレープフルーツ…1個

カイワレ（スプラウト）…20g

刺身ドレッシング
- 薄口醬油…大1
- オリーブオイル…大1と½
- すだち果汁（青ゆず、レモンでもOK）…小2弱
- すだちの皮…適量（すりおろす）
- しそ…1枚（千切り）

わさびオイル
- わさび…5g
- オリーブオイル（白ごま油でもOK）…大1と½弱

① 刺身ドレッシングを作る。ボウルに材料を入れてよく混ぜ合わせ、5分ほどおく。

② わさびオイルを作る。容器にわさびとオリーブオイルを入れ混ぜておく。

③ ラディッシュを薄くスライスし、冷たい水に5分ほどさらす。タコの足があるとき
は、1cm長さに切る。

④ グレープフルーツは一房ずつ果肉を取り出し、半分にカットして②に混ぜておく。

⑤ 冷やした皿に刺身を敷き詰め、①のドレッシングをかける。その上に④のグ
レープフルーツをのせる。

⑥ 仕上げにカイワレと③のラディッシュを盛り付ける。

POINT_ **1**

グレープフルーツは半分に切って皮を厚めに包丁で落とし、一房ずつ包丁を入れる。

洋風なすの揚げ浸し

ドライトマトからとった出汁に揚げたなすを合わせると、いつもの和風のおかずも、
一気に洋風へと変身します。なすのほかに、ズッキーニや万願寺とうがらしなども合います。

材料・2人分

なす…4本
ドライトマト出汁 (p.13参照)…500mℓ
みょうが…3個
しそ…6枚
オリーブオイル…大1
塩…適量
オリーブオイル (揚げ油)…適量

① なすは、へたのとげの部分を切り落とし、縞模様になるようにピーラーで皮をむき、竹串で穴をあけておく。

② 揚げ油を180℃に熱し、①を軽く色がつくまで揚げ、バットで油を切る。

③ ②が熱いうちにドライトマト出汁に浸け、落としラップをして冷蔵庫で冷ます。

④ 皿に③の出汁、なすを盛り付け、軽くなすに塩をふったら、千切りにしたみょうが、しそを飾り、オリーブオイルを回しかける。

POINT_ 1

なすに竹串でいくつか穴をあけると、揚げたときに爆発しない。

POINT_ 2

落としラップをして冷蔵庫で保存。一日ほど浸けると食べ頃。

イタリアのほうれんそうおひたし

にんにくオイルで炒め煮にした、イタリア料理のメインに添えられる定番の一品です。
冷たくてもおいしいので常備菜としてもおすすめです。

材料・2人分

ほうれんそう…5株（180g）
にんにく…2片（20g）
赤唐辛子…1本
オリーブオイル…50㎖
魚醬（めんつゆでもOK）…小2

POINT_1

ほうれんそうの根の部分も残す。
甘みがあっておいしい！

① 1.5ℓのお湯に塩（大さじ2、分量外）を入れ、ほうれんそうを35秒ゆでたら、水にとらず、そのままざるにあげておく。

② 鍋に、オリーブオイルと半割りにして包丁の腹で軽くつぶしたにんにくを入れる。弱火にかけ、ふつふつと沸いてきたら赤唐辛子を入れ、にんにくがやわらかく、透明になるまで加熱する。

③ ②に①のほうれんそうを加え、軽くあえる。仕上げに魚醬をかける。

キノコのオイル煮込み

にんにくオイルにベーコンとキノコのうま味が溶け出した、鉄板のワインのお供！
キノコはシイタケなどお好みのもので。残ったオイルは、パスタや炒め物などに重宝します。

材料・2人分

マッシュルーム…1パック (170g)
ベーコン (ブロック) …10g
にんにく…4片 (40g)
赤唐辛子…1本
オリーブオイル…120㎖
塩…ふたつまみ

① マッシュルームの外皮を包丁でむいておく。

② 小鍋にオリーブオイルと半割りにして包丁の腹で軽くつぶしたにんにく、赤唐辛子を加え、弱火にかける。

③ ②がふつふつと沸いてきたら短冊に切ったベーコン、①のマッシュルームを加え、塩を入れて弱火でじっくりとマッシュルームに火を通す。

④ マッシュルームの色が変わり、ひとまわり小さくなってきたら火を止める。

マッシュルームは水で洗わず、
外皮をむく。

グリーンアスパラとズッキーニのエスカベッシュ

≫ 清々しいミントの香りがズッキーニとよく合い、さっぱりと食べられます。
マリネ液は、ワインビネガーよりも、まろやかな米酢で作るのがおすすめ。

材料・2人分

アスパラガス…3本
ズッキーニ…1本
スペアミント…適量
塩…適量

A｜米酢…250㎖
きび砂糖…大3と½
塩…小2
オリーブオイル…大1と小1

POINT_1

— 野菜は炒めたあとに塩をふると水分が出ない。

① マリネ液を作る。鍋にAを入れ、火にかけて酸を飛ばし、砂糖を溶かす。ボウルに移し、ミント（飾り用に少し残す）を入れる。

② ズッキーニは1cm幅に輪切りにする。アスパラは穂先の方を数枚ピーラーでスライスし（飾り用）、8cm長さで斜めに切る。

③ フライパンに多めのオリーブオイル（分量外）をひいて熱し、ズッキーニの両面に焼き目をつけ、塩をふって①のマリネ液に浸ける。アスパラも同様にする。冷蔵庫で2時間〜半日ほど冷やす。

④ ③を皿に盛り付け、飾り用のアスパラとミントをのせる。

なめらかマッシュポテト

> イタリア語では「プレディパターテ」といい、コクのあるクリーミーな味わいの一品料理になります。お肉料理などに添えても楽しめます。

材料・2人分

じゃがいも（男爵）…2個（260g）
A｜牛乳…70㎖強
　｜生クリーム…大⅔
　｜バター…10g
　｜塩…適量
黒こしょう…適量
オリーブオイル…適量

① 鍋にじゃがいも（皮ごと）が浸かるくらいの水を入れ、水の容量の約2％の塩（分量外）を入れて加熱。弱火（湯温約90℃）でじゃがいもがやわらかくなるまでゆでる（約30分）。

② フライパンにAを入れ、弱火にかけ温めておく。

③ ②に皮をむいた①のじゃがいもを加え、木ベラでつぶし、なめらかになるまで加熱しながら混ぜる。食べる直前にオリーブオイルを回しかけ、黒こしょうをふる。

POINT_1

じゃがいもが熱いうちになめらかになるまでつぶす。

じゃがいものロースト

じっくりゆでることで、甘みが引き出された皮付きのじゃがいもを、
ローズマリーとにんにくの香りを移したオイルで焼き上げます。

材料・2人分

じゃがいも（男爵）…小7個（250g）
にんにく…1片（皮付き）
オリーブオイル…大1
バター…12g
ローズマリー…3本（5㎝ほどの長さのもの）
塩・黒こしょう…適量

POINT_ 1

皮付きのにんにくで、あえて香り
を抑える。

（1）じゃがいもをゆで（p.53①参照）、半分に切る。

（2）フライパンにオリーブオイルとバター、皮付きのままつぶしたにんにく、ローズマリーを加え、弱火にかける。

（3）②から香りが立ったら、①を入れる。じゃがいもの断面に薄く焼き色がついたら、塩・黒こしょうをふる。

鶏といぶりがっこの
ポテトサラダ

タコのポテトサラダ

タコのポテトサラダ

にんにくとオイル、唐辛子の風味がしっかりなじんだ、じゃがいも版
ペペロンチーノ。冷やしてパンに挟んでも絶品です。

材料・作りやすい分量（3〜4人分）

じゃがいも（男爵）…4個
ゆでダコ…180g
にんにく…1片
赤唐辛子…1本
イタリアンパセリ…適量
レモンの皮…適量
魚醤…小½強
塩…適量
黒こしょう…適量
オリーブオイル…大2と小2

(1) じゃがいもをゆでる（p.53①参照）。

(2) フライパンに、繊維を叩くように切ったにんにくのみじん切りと赤唐辛子、オリーブオイルを加え、弱火で香りを出す。粗めに刻んだイタリアンパセリ（飾り用に少し残す）を加えたら火を止める。塩ひとつまみ、魚醤を入れ、レモンの皮をする。

(3) ①のじゃがいもの皮を熱いうちにむき、②に入れる。弱火で加熱し、じゃがいもをつぶしてオイルをなじませる。1cmほどの乱切りにしたタコを混ぜたら火を止め、塩・黒こしょうをふる。塩味が足りなければ醤油（分量外）を加える。

(4) 皿に盛り付け、イタリアンパセリを飾る。

POINT_ **1**

じゃがいもの食感が残る程度に
つぶし、オイルを絡ませる。

POINT_ **2**

タコを入れたら、火を止め、余
熱で仕上げる。

鶏といぶりがっこの
ポテトサラダ

いぶりがっこ特有の燻製の香りと食感がアクセントの大人のポテトサラダ。
残りをコロッケにリメイクすれば本格的なメインに変身します。

材料・作りやすい分量（3〜4人分）

じゃがいも（男爵）…4個
鶏もも肉…1枚（230g）
玉ねぎ…1個
いぶりがっこ…60g
米酢…小2と½弱
塩…適量
黒こしょう…適量
粒マスタード…小2
クミン…1g
自家製マヨネーズ（p.105参照）
　…大2
オリーブオイル…大1

① じゃがいもをゆでる（p.53①参照）。

② 鶏もも肉は、肉の重量の1%の塩をして脱水させ、キッチンペーパーで水気をふき取る。

③ フライパンにオリーブオイルと玉ねぎのスライス、塩を入れ、弱火で薄い飴色になるまで炒める。

④ ②の鶏もも肉の身側をさっと焼いたら裏返し、弱火から中火で皮にこんがり焼き目をつける。

⑤ ④の皮を外し、5mm幅に切る。皮も同じ幅に切る。

⑥ ③に⑤の鶏肉を入れ、5mm角に切ったいぶりがっこ、米酢、粒マスタードを合わせる。

⑦ ①のじゃがいもの皮を熱いうちにむいて⑥に入れ、ヘラでつぶしながら混ぜる。塩・黒こしょうをし、クミン、マヨネーズを加えてあえる。

POINT_ 1

鶏もも肉を重さのある鍋などでプレスすると均等に焼き色がつく。

POINT_ 2

皮がパリッとするまで、こんがり焼く。

たっぷり野菜のミネストラ

野菜だけで、驚くほどのうま味が感じられる食べるスープ。
湯むきしたミニトマトを崩しながら食べると味変ができます。

材料・2人分

にんじん…½本
玉ねぎ…¼個
セロリ…⅛本
ズッキーニ…¼本
アスパラガス…1.5本
ミニトマト…5個
野菜出汁（p.12参照）…350㎖
昆布…5g（10㎝×5㎝ほどを1枚）
塩…小1
オリーブオイル…適量
グラナパダーノ…適量

① にんじん、玉ねぎ、セロリ、ズッキーニは1㎝角にする。アスパラは、1㎝長さに切り、穂先は3㎝長さにして縦半分に。ミニトマトは、皮に十字の切り込みを入れておく。

② 鍋にオリーブオイルをひき、ミニトマトとアスパラの穂先以外の①を入れ、塩を入れて軽くなじませたら中火にかけて炒める。

③ 野菜から香りが立ってしんなりしてきたら、昆布と野菜出汁を加え、沸騰直前まで温める。

④ アスパラの穂先とミニトマトを入れ、弱火で5分ほど煮たら、ミニトマトを取り出してキッチンペーパーなどを使って湯むきし、スープに戻す。昆布は取り出す。

⑤ 皿にスープを入れ、香りがやさしいグラナパダーノを削ってかけ、オリーブオイルを回しかける。

POINT_ 1

火にかける前に塩をふることで
野菜の甘みを引き出す。

POINT_ 2

ミニトマトは十字に切り込みを
入れておくと湯むきしやすい。

COLUMN
2.

ドライハーブ活用術

保存がきくので、使いたいときに使えるのが最大の利点。フレッシュハーブよりも苦みや雑みがあるので、多くのドライハーブは煮込み料理に適します。風味が広がり、深みのある重厚な味わいに。ここでは常備しておくと便利なハーブを紹介します。

ローリエ

最もポピュラーなハーブで、清涼感のある甘く上品な香り。出汁が出るのでスープなどに入れると味を引き上げてくれる。ピクルスなどの香りづけにも。

オレガノ

野性的でスパイシーな香り。肉や魚の臭み消しになり、トマトソースとの相性がいい。香りが強いので、少量ずつ入れて様子をみるのがおすすめ。

タイム

小さな葉で独特の爽やかな香り。煮込み料理や肉や魚などとの相性がよく、味に奥行きが出る。殺菌作用や防腐効果も。

パセリ

ほろ苦い風味を活かし、煮込み料理に入れるとアクセントになる。料理の深みを出したいときに便利。

ローズマリー

フレッシュハーブと基本の用途は同じだが、フレッシュハーブよりも重厚な香り。クセのある肉料理に合わせると◎

PART 3 · PASTA & NOODLES

何度も作りたくなる絶品
パスタ・麺　9品

イタリアンシェフの真骨頂！　パスタをうどんに代えたり、5分
で極旨ソースが完成したり、アイデア満載です。

ナポリタン

≫ 喫茶店のあのナポリタンを再現！ パスタをゆで置くことでもちもちの食感にし、
しっかり焼きそばのように炒め合わせます。

材料・2人分

スパゲッティ（ブロンズ加工）…180g
紫玉ねぎ…1/4個（40g）
ピーマン…2個
ミニトマト…6個
マッシュルーム…4〜5個（70g）
ソーセージ…90g
自家製ケチャップ（p.105参照）
　…300㎖
バター…20g
塩…適量
黒こしょう…適量
オリーブオイル…大2と小2

① 大きめの鍋に湯を沸かし、湯の容量の1.5％の塩を加える（湯1ℓなら15g）。袋に記載されたゆで時間より30秒オーバーでパスタをゆでる。

② 紫玉ねぎはスライス、ピーマンは縦5㎜幅の細切り、ミニトマトは半分、マッシュルームは外皮をむいて（p.51参照）5㎜厚さに切る。ソーセージは斜めの薄切りに。

③ フライパンにオリーブオイル、紫玉ねぎを入れたら軽く塩をする。しんなりしたら、ソーセージを加えて炒め、黒こしょうをふる。マッシュルーム、ピーマン、ミニトマトの順に時間差で炒め、ミニトマトはいったん取り出しておく。

④ ③に①のゆで置きしたパスタを入れ、ケチャップを加えてしっかり炒め合わせたら、ミニトマトを戻し、バターを加える。

POINT_ **1**

パスタをゆで置くことで、麺がもちもちになる。

POINT_ **2**

ケチャップを入れたらあえるのではなく、しっかり麺を炒める。

明太子パスタ

≫ にんにくオイル×バターのジャンク系パスタ。明太子のプチプチ感が残るように、
やさしく混ぜるのがポイントです。海ぶどうや、めかぶなどの海藻系のトッピングと相性◎

材料・2人分

スパゲッティ (テフロン加工) …180g
明太子…140g
レモンの皮…適量
にんにくオイル (p.107参照)
　…大1と小1
バター…20g
魚醬 (めんつゆでもOK) …小2
刻み海苔…適量
オリーブオイル…適量

(1) 大きめの鍋に湯を沸かし、湯の容量の1.5%の塩を加え (湯1ℓなら15g、分量外)、パスタをゆでる。

(2) 明太子は薄皮から身をこそぐようにして中身を取り出す。

(3) 仕上げに飾るための明太子を少し取り置き、レモンの皮をすり、オリーブオイルをかけたら、落としラップをして置いておく。

(4) ボウルに②とにんにくオイル、バター、魚醬を入れる。

(5) 明太子の食感を出すため、パスタは袋のゆで時間より10秒オーバーでゆで上げ、④とやさしく混ぜ合わせる。汁気が足りない場合は、ゆで汁を大1〜2ほど加えてなじませる。

(6) ③の明太子を飾り、刻み海苔をのせ、オリーブオイルを回しかける。

POINT_ **1**

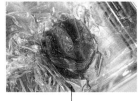

飾り用明太子は臭みをとるため、
マリネしてオイルの香りを移す。

POINT_ **2**

明太子のプチプチ感をつぶさないよう、ゴムベラでやさしく混ぜる。

白舞茸のバターペペロンチーノ

オリーブオイルに白舞茸のうま味を絡め、バターのコクが加わった濃厚な味わい。
茶色い舞茸でもおいしくできますが、パスタと同系色にすることで上品に仕上がります。

材料・2人分

スパゲッティーニ（テフロン加工）
　…180g
白舞茸…120g
にんにく…2片
赤唐辛子…2本
イタリアンパセリ…6g
魚醤（めんつゆでもOK）…小2強
バター…10g
塩…ふたつまみ
オリーブオイル…大3強

① 大きめの鍋に湯を沸かし、湯の容量の1.5%の塩を加え（湯1ℓなら15g、分量外）、袋のゆで時間通りにパスタをゆでる。

② フライパンににんにくのみじん切りとオリーブオイル、手でちぎった赤唐辛子を加え、弱火で加熱する。ふつふつとして香りが出たら、ほぐした白舞茸を加え、ほんのり焼き色をつける。軽く塩をして炒め、魚醤を加える。

③ ②に粗めのみじん切りにしたイタリアンパセリ（飾り用に少し残す）を加えたら、火を止める。

④ ③に①のパスタを入れ、バターを加えてなじませる。

⑤ 仕上げに残りのイタリアンパセリを散らす。

POINT_ 1

塩をふるタイミングは、白舞茸に少し焼き色がついてから。

POINT_ 2

火は消したまま、熱いうちにバターを絡めていく。

納豆ミートパスタ

≫ ソースの調理時間は約5分！ なのに、驚くほどうま味が感じられる創作パスタ。
ソースに、納豆とマッチする味噌を加えることで、絶妙なハーモニーを生み出します。

材料・2人分

スパゲッティ（テフロン加工）…180g
豚ひき肉…200g
納豆…1パック
にんにく…2片
トマトピューレ…280㎖
きび砂糖…ひとつまみ
味噌…小2
バルサミコ酢…小2
イタリアンパセリ…適量
ローズマリー…1枝（みじん切り）
塩…適量
黒こしょう…適量
オリーブオイル…大2

① フライパンにオリーブオイルとにんにくのみじん切りを入れ、弱火で加熱する。

② にんにくに軽く色がついて香りが出てきたら豚ひき肉を入れ、塩・黒こしょうをして、砂糖をひとつまみ入れ、こんがり色がつくまで炒める。

③ トマトピューレを加え、味噌、バルサミコ酢、ローズマリーを入れる。ソースに軽くとろみがつくまで加熱。味をみて、塩で調える。

④ 袋の表示時間通りにゆでたパスタ（ゆで方は p.64 ①参照）を皿に盛り、③のソースをかける。タレとからしを入れてよく混ぜた納豆をのせ、イタリアンパセリを散らす。

POINT_ **1**

ひき肉を炒める際に出る脂は3分の1ほどふき取る。

POINT_ **2**

ソースのとろみがこれくらいになるまで煮詰める。

豚バラとカリカリ梅のスープパスタ

鰹節が効いた出汁と梅の塩味で、しっかりとしたうま味が感じられるさっぱり系和風パスタ。
水菜をスープに浸すと食感の違いが楽しめます。

材料・2人分

スパゲッティーニ（テフロン加工）
…180g
豚バラ肉…100g
水菜…2株（40g）
カリカリ梅…小12個
にんにく…2片
赤唐辛子…1本
しそ…8枚
和風出汁（p.13参照）…300㎖
めんつゆ（2倍濃縮）…小2
オリーブオイル…大2と½強
塩…適量
黒こしょう…適量

1. 豚バラ肉を半分に切り、軽く塩・黒こしょうをふる。水菜は5㎝長さに切って水にさらす。

2. フライパンに、にんにくのみじん切りと赤唐辛子、オリーブオイルを入れ、弱火で香りが出るまで加熱し、①の豚バラ肉を焼く。

3. 豚バラ肉の色が変わったらバットに移し、落としラップをして保温しておく。

4. ②のフライパンに、種を取ってちぎったカリカリ梅、しその粗みじん切りを加え、和風出汁、めんつゆを加える。

5. ④に、袋の表示時間より30〜40秒早くゆで上げたパスタ（ゆで方はp.64①参照）を入れて混ぜる。

6. 仕上げに豚バラ肉、水気を切った水菜を盛り付ける。

POINT_1

一枚一枚広げて焼く。火を通しすぎない。

POINT_2

パスタに30秒ほどしっかり出汁を吸わせる。

うどんボロネーゼ

ごろごろとしたお肉の存在感があるボロネーゼ。生ハムやバルサミコ酢などうま味の強い食材を使うことで、時短なのに深い味わいのソースになります。

材料・2人分

冷凍うどん…2玉
豚ひき肉…240g
生ハムスライス…3枚
にんにく…2片 (すりおろし)
ローズマリー (乾燥でもOK) …2枝
イタリアンパセリ…適量
白ワイン…大1と小1
トマトピューレ…300㎖
きび砂糖…ひとつまみ
バルサミコ酢…大2
バター…10g
塩…適量
黒こしょう…適量
オリーブオイル…大4

① 豚ひき肉に塩 (肉の重量の1%が目安) を入れて強めに黒こしょうをふり、にんにく、白ワインを入れてよく混ぜ合わせる。細かく切った生ハムを入れてまとめ、5分ほどおく。

② フライパンにオリーブオイルを熱し、①を塊のまま、弱火~中火で両面こんがりと焼く。

③ ②にトマトピューレ、砂糖を加えたら、塊を崩すようにして豚ひき肉を炒めバルサミコ酢を加える。ソースにとろみがつくまで中火で5分ほど加熱する。

④ 鍋に湯を沸かし、湯の容量の1%の塩 (湯1ℓなら10g) を加え、冷凍うどんをゆでる。

⑤ ③にローズマリーのみじん切り、バターを入れ、④のうどんをあえる。黒こしょうをふり、イタリアンパセリを散らす。

POINT_**1**

豚ひき肉はハンバーグのように塊で両面に焼き目をつける。

POINT_**2**

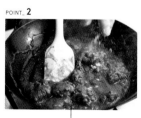

肉をほぐしすぎないようソースがとろっとするまで炒める。

釜玉カルボナーラ

絶対失敗しない、とろとろソースのカルボナーラ。全卵を使うので軽やかな仕上がり。
うどんが太いので、ベーコンも厚めにして一体感を出します。

材料・2人分

冷凍うどん…2玉
卵 (全卵)…2個
ベーコン (ブロック)…90g
粉チーズ…大5
塩・粗挽きこしょう…適量
オリーブオイル…小2
パルミジャーノレッジャーノ
…適量

POINT_ **1**

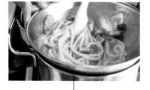

うどんを入れたら、湯煎で温め
ながらとろみをつける。

$\textcircled{1}$ ボウルに常温に戻した卵を割り、粉チーズと塩ひとつまみを入れ、よく混ぜてとろみをつける。

$\textcircled{2}$ フライパンにオリーブオイル、粗挽きこしょう、2〜3mm厚さに切ったベーコンを入れて焼き目をつけ、こしょうの香りを立たせたら、$\textcircled{1}$にオイルごと入れて混ぜておく。

$\textcircled{3}$ 鍋に湯を沸かし、湯の容量の1%の塩 (湯1ℓなら10g) を加え、冷凍うどんをゆでる。

$\textcircled{4}$ ゆで上がった熱々のうどんを$\textcircled{2}$に入れて混ぜ合わせ、とろみがついたら盛り付ける。仕上げに粗挽きこしょうとパルミジャーノレッジャーノを削りかける。

ビビンそうめん

めんつゆをドライトマト出汁に代えた、暑い夏にさっぱりと食べられる最強麺。
やさしいうま味なので、飲み干したくなるスープです。

材料・2人分

そうめん…2束
ドライトマト出汁（p.13参照）…500㎖
みりん…大2と⅔
薄口醬油…大2
白ごま油…小1
トッピング

肉ふりかけ（p.106参照）…140g
味玉（p.77参照）…1個（半割り）
青ねぎ…20g（輪切り）
きゅうり…⅕本（30g、千切り）
ミニトマト…2個（半割り）
キムチ…30g
白ごま…適量
焼き海苔…適量

① 鍋にみりんを入れてアルコール分を飛ばし、薄口醬油を加えたらドライトマト出汁を入れる。軽く合わさったら火を止めて冷ましておく。

② そうめんを1分半ゆでて流水で粗熱をとったら、氷水でぬめりをとる。

③ 器に①を入れ、白ごま油、②のそうめんを入れる。トッピングを盛り付ける。

鶏ラーメン

あっさりながらもスープの鶏出汁のコクがしっかりと感じられます。
トッピングの鶏チャーシューと味玉は火を入れすぎないのがポイント。

材料・1人分

細中華麺…1玉
醤油…小2
ねぎ油…適量
白ごま油…大1と1/2
スープ（鶏チャーシューの出汁）…360㎖

トッピング

味玉…1個
鶏チャーシュー…4 枚
青ねぎ…適量（輪切り）
焼き海苔…適量

① 器に醤油、ねぎ油、白ごま油を加え、温めたスープを加える。

② ゆでた麺を入れスープとなじませ、トッピングをのせる。

ねぎ油

材料・作りやすい分量

白ごま油…50㎖
長ねぎの緑の部分
　…油に浸かる量

① 小鍋に白ごま油と長ねぎを入れ、弱火で加熱する。

② 香りが立って、長ねぎに焼き色がついてきたら火を止め、冷めたら濾す。

味玉

材料・作りやすい分量

卵…4個
めんつゆ（2倍濃縮）
　…大4

① 鍋に湯を沸かし、常温に戻した卵を入れ、最初の1分はゆっくりかき混ぜて湯を対流させる（黄身が真ん中に寄ったきれいな仕上がりになる）。

② 卵を鍋に入れて6分40秒たったら流水で一気に冷やし、水の中で殻をむく。保存袋にめんつゆを入れ、卵を漬け込む。

※3時間で食べ頃に。半日以上は漬け込まない。

鶏チャーシュー

材料・作りやすい分量

鶏むね肉
　…1枚（300g）
塩…3g（鶏の重量に
　対して1%）
鶏出汁（p.15参照）
　…500㎖

① 鶏むね肉に塩をして約10分脱水させ、キッチンペーパーでしっかりと水分をふき取る。

② 鶏出汁を沸かし、①を加え中火で2分10秒ゆでる。火を止め、フタをして冷めるまで浸けておく。

③ 冷めたら100㎖の鶏出汁とともに容器で保存する。

※残りの鶏出汁はラーメンのスープに。

COLUMN

3.

料理に合ったパスタの選び方

乾麺のロングパスタには、大きく分けると2種類の質感があるって、知っていますか?

パスタは作る過程でダイスという穴から生地を押し出しますが、この穴の材質によって、表面の質感が変わります。一つは表面に凹凸があり、ざらざらとした質感のもの（ブロンズ加工）で、ソースの絡みがよく、粉の風味もより楽しめます。もう一つが、表面がつるつるとしたもの（テフロン加工）で、麺にコシがあり、日本人になじみのある食感です。

テフロン加工のものは、耐久性があるので沸騰状態でゆでても、麺のコシ（アルデンテ）がしっかり残ります。一方、ブロンズ加工のものは、沸騰した状態でゆでると凸凹した表面から水分が入り、粉の風味が損なわれてしまうため、90℃くらいの温度で泳がせるようにゆでることでパスタのおいしさを保つことができます。

ここでは日常使いできる、イタリアの乾麺を紹介します。

銘柄	質感	特徴	合うパスタ料理・ソース
Barilla （バリラ）	つるつる	アルデンテ感がしっかりある。粉の香りがやさしいので、具の多いソースと合わせるのがおすすめ。	・カルボナーラ ・ミートソース
DIVELLA （ディヴェッラ）		テフロン加工のものが市場に多く出回っている。時間がたってもアルデンテ感が保たれるのが特徴。	・和風パスタ ・明太子パスタ ・オイルベース
DE CECCO （ディチェコ）	ざらざら	粉の香りがあり、ソースの絡みがよい。袋の表示よりも早めにゆで上げた方が麺の食感が残る。	・シンプルなトマトソース
Garofalo （ガロファロ）		香りがよく、アルデンテ感もほどよく保たれるため、全体のバランスがよい。袋の表示よりも早めにゆで上げるのがおすすめ。	・ペペロンチーノなどオイル系

"わが家の味"にしたい！
ごはんもの　4品

卵かけごはんもお茶漬けも侮ることなかれ、本格おもてなし
料理に変身します。
ひと味違う自慢の料理になること間違いなし！

ファビオのTKG（卵かけごはん）

> シラスを混ぜたごはんに、香味野菜の万能ダレをかければ本格料理に変身。
> 卵かけごはんのジャンルを超える新たな世界が広がります。

材料・1人分

ごはん…茶碗1杯分
シラス…10g
卵黄…1個分
香味野菜の万能ダレ
　（p.106参照）…適量
オリーブオイル…適量

(1) ごはんにシラスを混ぜる。

(2) ①を茶碗によそい、くぼみを作って卵黄をのせる。

(3) 卵黄の周りにタレをかけ、仕上げにオリーブオイルを回しかける。

焼きおにぎりの鯛茶漬け

焼きおにぎりの香ばしさに、鯛×鶏出汁のうま味が相まって、食べ応えのある贅沢なお茶漬け。
おにぎりを崩すとおかかのうま味も加わり、さらに楽しめます。

材料・1人分

冷やごはん…茶碗1杯分
刺身用の鯛…6切れ
おかか
　鰹節…10g
　甘口醤油…大1
わさび…適量
あられ…適量
三つ葉…適量
刻み海苔…適量
鶏二番出汁（p.15参照）…350㎖
醤油…適量
オリーブオイル…適量

(1) おかかを作る。鰹節に甘口醤油をまぶし、レンジ（500W）で15秒ほど加熱して、カラカラの状態にする。

(2) おかかのおにぎりを作り、表面を乾かしておく。

(3) フライパンにオリーブオイルをひき、②のおにぎりを焼く。

(4) ハケで醤油を塗りながら、両面が香ばしく焼けたら器に入れ、わさびをのせ、覆うように鯛の刺身を盛り付ける。あられ、刻んだ三つ葉、刻み海苔を飾り、熱々の鶏出汁をかけ、オリーブオイルを回しかける。

チキンスパイスカレー

》 4つのスパイスさえあれば手軽にできる、スパイスカレー入門編のレシピです。
スパイスのキレがありながら野菜出汁のやさしい甘みも感じられます。

材料・3〜4人分

鶏もも肉…1枚（250g）
玉ねぎ…1個
にんにく…2片
生姜…2かけ
野菜出汁（p.12参照）…400㎖
トマトピューレ…200㎖
A｜ ターメリック…5g
　｜ コリアンダー…6g
　｜ チリパウダー…5g
　｜ クミン…5g
塩…適量
黒こしょう…適量
オリーブオイル…大3

(1) 鶏もも肉は、重量の1%の塩をして脱水させ、一口大に切る。

(2) 鍋に塩とオリーブオイルを入れて、スライスした玉ねぎを中火にかけ、飴色になるまで炒める。

(3) ②に少量の水で溶いたにんにくと生姜のすりおろしを入れ軽く炒めたら、トマトピューレを加え、①の鶏もも肉を入れて煮詰める。

(4) ③に野菜出汁を入れて沸騰させ、黒こしょうをふる。Aのスパイスは混ぜておき、3回くらいに分けて入れる。その後、塩をふり約20分煮込む。皿に盛り付け、好みで、鶏皮をパリパリに焼き、塩をしたものを添える。

POINT_ **1**

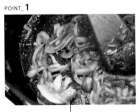

玉ねぎをよく炒めると、味に深みが出る。

POINT_ **2**

スパイスは一度に入れるとダマになるので、少しずつ入れる。

レモンガパオライス

≫ 大きめのチキンと野菜の存在感があり、食べ応え満点。バジルとレモンの
爽やかな香りが広がります。鶏肉を白身魚にしたり、パクチーを入れても楽しめます。

材料・2〜3人分

鶏もも肉…2枚（400g）
パプリカ…1個
玉ねぎ…¼個（80g）
にんにく…2片
バジル…10枚と茎
レモンの皮…適量
レモンの果肉…¼個
卵…2個
ジャスミンライス…2合分
豆板醬…小1
酒…大1
オイスターソース…小2
ナンプラー…小½強
塩…適量
黒こしょう…適量
白ごま油…適量

① 鶏もも肉は重量の1%の塩をして10分ほど脱水させ、水気をふいたら2cm角にする。パプリカと玉ねぎも2cm角に切りそろえる。

② フライパンにパプリカを入れ、塩と白ごま油を入れて軽く混ぜ合わせる。弱火で炒めて火が通ったら、玉ねぎを入れて軽く塩をし、透明になるまで炒めてバットに移す。

③ ②のフライパンに白ごま油、にんにくのみじん切りとバジルの茎を入れて弱火で熱し、香りが出たらバジルの茎を取り出しておく。豆板醬を加えて油に香りを移したら、鶏もも肉を加えて黒こしょうをふり、色が変わるまで炒める。

④ ③に酒を加え、アルコール分を飛ばしたら、オイスターソースとナンプラー、バジルの葉（飾り用に少し残す）を入れ、②を合わせて軽く炒める。すりおろしたレモンの皮を加え、火を止めておく。

⑤ 白ごま油を多めにひいたフライパンで目玉焼きを作り、塩・黒こしょうをふる。

⑥ ジャスミンライスを皿に盛り、④、食べやすい大きさにほぐしたレモンの果肉、⑤の目玉焼きをのせ、バジルの葉を飾る。

POINT_1

具材の大きさをそろえて切る。

COLUMN

4.

料理に合ったお米の選び方

世界で生産されているお米は、ジャポニカ米、インディカ米、ジャバニカ米の3種類に大きく分けられます。私たちがよく食べているジャポニカ米は、粘り気があり、もちもちとして甘みがあるのが特徴です。世界全体の生産量の8割を占めるというインディカ米は、南アジアやインドなどで栽培され、タイ米に代表されるように、水分量が少なくパサパサしているので、カレーやチャーハンに向いています。

また、ジャバニカ米は、アジアの熱帯地域や中南米の一部で栽培され、食感はインディカ米に近く、リゾットなどに使われるイタリア米もこれに分類されます。

日本のお米は多くの品種がありますが、それぞれ甘みやもちもち感、硬さや、やわらかさなど、その特徴は千差万別。お米の特徴を知り、料理に合わせて最適な銘柄を選ぶと、より料理が楽しめます。

銘柄	特徴	本書で紹介した料理
島の香り 隠岐藻塩米 コシヒカリ	藻塩を散布して作られるミネラル豊富なお米。通常のコシヒカリよりも甘みともっちり感がある。	・ファビオのTKG （卵かけごはん）
青森県田舎館村 青天の霹靂	適度な硬さがあり、あっさりとしていてキレのある味わい。	・焼きおにぎりの鯛茶漬け
特選つや姫	コシヒカリほど粘りがなく、ほどよい硬さがある。	・チキンスパイスカレー
イタリアン・リーゾ カルナローリ	米粒が大きく、硬さがあるため、リゾットなど水分のあるものを煮るときに向く。	・お米のハーブサラダ
ジャスミンライス	細長く白い形状のタイ米の一種。香り米ともいわれる。	・レモンガパオライス

休日が待ち遠しくなる
POP料理　6品

休日には、見た目も華やかな楽しい料理で気分をあげ
てみませんか？　そんな休日のブランチにおすすめの料
理を紹介します。

ダブルファビオバーガー

ダブルファビオバーガー

> 2段重ねで、顔も隠れるほどボリュームたっぷり！
> まろやかなバルサミコマヨネーズが全体を調和させ、
> りんごジャムの酸味がアクセントになります。

材料・2人分

バンズ…3個（市販のものでもOK）
ハンバーグの肉ダネ（p.18参照）…240g
生ハムスライス…6枚
ルッコラ…30g
トマト…大½個
紫玉ねぎ…20g
バルサミコマヨネーズ…適量
りんごジャム…40g

① マヨネーズの作り方（p.105参照）のりんご酢をバルサミコ酢に代え、バルサミコマヨネーズを作る。

② 紫玉ねぎはみじん切りにして水にさらし、辛みを抜く。トマトはスライスする。

③ ハンバーグの肉ダネを薄く丸い形にし（4枚）、フライパンに油をひかず、弱火でじっくり両面を焼く。

④ 真ん中を半分に切ったバンズに①のバルサミコマヨネーズを塗り、りんごジャムと②の紫玉ねぎをのせ、ルッコラ、トマト、生ハム、③を重ね、もう1段作る。

POINT_ **1**

バットにクッキングシートを敷くとフライパンに移しやすい。

POINT_ **2**

肉から出る脂は、こまめにふき取る。

りんごジャム

材料・作りやすい分量

りんご（紅玉）…1個
レモンのスライス…6枚
レモン果汁…大1
きび砂糖…大4弱

① 皮をむいたりんごを1cmの角切りにする。

② 鍋に①を入れ、砂糖をまぶしてりんごになじませる。レモン果汁とレモンのスライスを加え、加熱する。

③ 10〜15分弱火で加熱し、りんごの食感が軽く残る程度まで煮る。

バンズ

材料・2人分

中力粉…125g
ドライイースト…5g
お湯（約30℃）…70〜75mℓ
バター…25g
きび砂糖…6g
塩…2.5g

① バター以外の材料をボウルでこね、ひとまとまりにする。

② ①を作業台に移してやわらかくしたバターを入れ込み、生地につやが出るまで10分ほどこねる。

③ ②をボウルに戻し、ラップをして暖かいところ（30℃くらい）で約1時間発酵させる。

④ ③の生地をガス抜きしたら3等分にし、オーブンシート上に薄い丸形にした生地をのせる。約30分布をかぶせて休ませる。

⑤ ④の表面にオリーブオイル（分量外）を塗り、180℃のオーブンに15分入れ、焼き上がったら半分に切る。

POINT_ 1

発酵前の生地（②）はこの状態まで練り上げる。

POINT_ 2

焼く直前にオーブンを霧吹きで湿らせると、生地が膨らみやすい。

カツレツピッツァイオーラ

厚みのあるカツレツで食べ応えがあります。パン粉に粉チーズを入れたり、
サラダ仕立てにしてバルサミコ酢をかけたり、アレンジも自由自在。

材料・2人分

鶏むね肉…1枚 (240g)
塩…適量

衣

小麦粉…25g
卵…2個
パン粉…100g

オリーブオイル (揚げ油)

ピッツァイオーラソース

にんにく…1片
オリーブオイル…小1
トマトピューレ…150mℓ
塩…小½弱
きび砂糖…小½
乾燥オレガノ…ひとつまみ

トッピング

ミニトマト…8個
モッツァレラチーズ…70g
バジル…適量

① ピッツァイオーラソースを作る。小鍋に
にんにくの薄切りとオリーブオイルを
入れて弱火で熱し、香りを出す。トマト
ピューレを加え、塩、砂糖、乾燥オレガ
ノを入れて加熱し、水分がある程度な
くなるまで煮詰めておく。

② 鶏むね肉は塩 (肉の重量の1%) をして
脱水させ、キッチンペーパーで水分をふ
き取っておく。

③ ラップを何枚か重ねて鶏肉を挟み、め
ん棒や瓶などで肉を叩いて伸ばす。

④ ③に衣をつけ、180℃に熱した揚げ油
で色よく揚げる。

⑤ ④にモッツァレラチーズ、①のソースを
のせ、バジルやカットしたミニトマトを
飾る。好みでオリーブオイルを回しかけ
る。

POINT_ 1

叩いて肉の中の繊維をやわらか
くする。

POINT_ 2

カツレツが熱いうちにモッツァレ
ラチーズをのせて溶かす。

鶏ひき肉のアラビアータエッグ

鶏むね肉のうま味が加わったアラビアータの辛さと、チーズのような
とろとろのスクランブルエッグを混ぜながら食べるモダンなビストロメニューです。

材料・2人分

ペンネ…140g
鶏むねひき肉…120g
にんにく…2片
赤唐辛子…2本
イタリアンパセリ…適量
トマトピューレ…300㎖
塩…適量
黒こしょう…適量
オリーブオイル…50㎖
スクランブルエッグ
　卵…4個
　ペコリーノチーズ（粉チーズでもOK）
　　…20g
　生クリーム…大1と小1
　バター…20g

① ひき肉に塩・黒こしょうをし、ハンバーグ状
にして10分ほどおいてうま味を増しておく。

② フライパンに、にんにくのみじん切り、ちぎっ
た赤唐辛子、オリーブオイルを入れ、弱火で
加熱する。きつね色になったら①を加え、ほ
ぐしながら炒める。

③ ②にイタリアンパセリのみじん切りを入れ
（飾り用に少し取り分けておく）、トマト
ピューレを加えて中火でとろみがつくまで煮
詰める。

④ スクランブルエッグを作る。ボウルに卵を割
り入れ、ペコリーノチーズ、生クリーム、バ
ターを加えよく混ぜる。

⑤ ④を湯煎にかける。卵にとろみがついて固
まってくるまでゴムベラで混ぜ、73℃くらい
になったら湯煎から外しておく（POINT_2参
照）。

⑥ ゆで上げたペンネに③のソースを絡める。皿
に⑤を敷き、その上にペンネを盛り付け、刻
んだイタリアンパセリを散らす。

POINT_**1**

ひき肉はハンバーグ状で炒め、
ほぐしていく。

POINT_**2**

卵がこの状態になったら、湯煎
から外す。

パスタフリッタータ

>> 余ったパスタを卵と合わせたイタリアのオムレツ。
残りものも、軽食やつまみに生まれ変わります。

材料・3〜4人分

卵…5個
余ったパスタ…60g
トマト…大¼個
ミニバジル…12枚ほど
粉チーズ…10g
塩…適量
黒こしょう…適量
オリーブオイル…適量

① ボウルに卵を割り入れ、塩・黒こしょう、粉チーズを入れ、白身のコシを切らないよう軽く混ぜる。

② ①に1.5㎝の角切りにしたトマトとミニバジル、余ったパスタを入れて混ぜておく。

③ フライパンを火にかけ熱々の状態にし、多めのオリーブオイルを入れたら弱火にし、②の卵生地を一気に流し入れ、中火で焼いていく。

④ ある程度火が入り焼き色がついたら火を止め、フタをして5分ほど余熱で中まで火を通す。

⑤ ④を裏返し、軽く焼いて5分おく。

POINT_1

周りに泡が立っていれば油が回っている。油が少なければ足す。

POINT_2

これくらい焼き色がついたら、火を止めフタをする。

ウォーバアッラクロック

揚げた半熟卵の中からとろっと黄身が溶け出し、チーズのソースに
絡めて食べる至福の一品。おしゃれすぎて、崩すのがもったいない!

材料・2人分

卵…2個
衣
> 小麦粉…適量
> 卵…1個
> パン粉…適量

オリーブオイル(揚げ油)

フォンドゥータソース
> 白ワイン…大1と小1
> 生クリーム…150㎖
> 粉チーズ…大5
> 塩…ひとつまみ
> 黒こしょう…適量

オリーブオイル…適量

① フォンドゥータソースを作る。小鍋に白ワインを入れて火にかけアルコール分を飛ばし、生クリームを加え一度沸かす。火を止めて、粉チーズ、塩・黒こしょうを加えたら再び弱火にかけ、チーズを溶かす(82℃が目安、POINT_1参照)。

② 湯を沸かし、鍋に常温に戻した卵を入れ沸騰した状態で5分ゆでる。氷水に落とし、水の中で殻をむく。

③ ②に衣をつけ、180℃の揚げ油で約30秒揚げる。

④ 皿にフォンドゥータソースを敷き、揚げた卵をのせ、塩・黒こしょうをしてオリーブオイルをソースに飾る。

POINT_1

ソースはとろみがつくまで煮詰める。ただし、沸かしすぎると分離するので注意。

POINT_2

卵に衣をつける際、小麦粉を満遍なくつけるときれいに仕上がる。

イカの詰め物グリル

イタリアでは、「カラマーリリピエーニ」といい、日本のイカめしのような郷土料理です。
中に詰めるパンの具は、パンサラダとして常備菜になります。

材料・2人分

スルメイカ (orヤリイカ) …3杯
余ったパン…50g
ミニトマト…5個
イタリアンパセリ…5g
にんにく…1片
レモンの皮…適量
塩…適量
黒こしょう…適量
オリーブオイル…適量

① イカは、軟骨と内臓を取り除き、皮をはいで水で洗い、塩をしておく。ゲソはくちばしを取り、細かい吸盤を押し出すように洗い流し、水気を切って小口切りにする。

② パンとミニトマトは1cmの角切りにし、イタリアンパセリは粗みじん切りにする。

③ フライパンに、にんにくのみじん切りとオリーブオイルを入れ、弱火で加熱し香りが出たら、ゲソを加えて色が変わるまで炒める。②のイタリアンパセリを加え、パンを入れたら軽く塩・黒こしょうをふる。さらに、②のミニトマトを加え、オリーブオイルを回し入れる。

④ ③をバットに移したら、レモンの皮をすり、冷ましておく。

⑤ イカの胴に④を詰めて、3杯並べて竹串を通す。

⑥ フライパンにオリーブオイルを熱して⑤を弱火で焼き、焼き目がついてイカが膨らんでパンパンになったら、串を外し、半分に切って盛り付ける。好みでオリーブオイルをかける。

POINT_ 1

イカの皮は手でこそぐように少しずつはぐ。

POINT_ 2

竹串で3杯まとめて閉じる。

COLUMN

5. 料理に合ったオリーブオイルの選び方

エクストラバージンオリーブオイルとは、生のオリーブを圧搾（あっさく）したジュースのこと。IOC（国際オリーブ協議会）により、オリーブオイルの酸度が 0.8% 以下のものという規定がありますが、日本では規定が緩く、実は店頭に並ぶ 90% 以上がこの基準に達していないといわれています。その中から、品質のよいオリーブオイルを選び出すのは至難の業（わざ）。

そこで、スーパーなどで手に入るエクストラバージンオリーブオイルの中で、日常使いができ、一定のレベルに達しているものを紹介します。

ちなみに、ピュアオイルは加熱用、エクストラバージンオリーブオイルは仕上げ用などといわれることがありますが、そうした使い分けはしていません。ピュアオイルは、質の悪い油を精製し、エクストラバージンオリーブオイルと混ぜて作られることもあるため、基本的には使用せず、特徴によりエクストラバージンオリーブオイルを使い分けています。

銘柄	特徴	合わせやすい料理
BOSCO Premium ボスコプレミアム	フレッシュで軽やかな香りで、スパイシーな味わい。	・牛肉、豚肉など肉料理全般。
Organic BOSCO オーガニックボスコ	苦み・辛みがマイルドで芳醇な香り。クセがないので使いやすい。	・料理を選ばず、万能に使用できる。
TOSCANO トスカーノ	「BOSCO」シリーズの中で、最もグレードが高く、辛みもしっかりある。	・サラダやスープの仕上げに向く。
Ranieri ラニエリ	香り、風味がかなりマイルド。「KALDI」で購入でき、コスパがよい。	・パスタソースなど、加熱に向く。
Sol del Limari ソル・デル・リマリ	青りんごのような香りでほどよい苦みがあり、バランス感のあるオイル。	・料理を選ばず、万能に使用できる。

手作り万能ソース&調味料 9品

かけるだけ、添えるだけ、料理に足すだけで料理が格上げ！
これさえ作っておけば、保存がきくので時間がないときでも安
心です。

ソフリット

>> イタリア料理の味のベースになる
天然うま味調味料です。

材料・作りやすい分量

玉ねぎ…1個
にんじん…1本
セロリ…1本
オリーブオイル…大2と小2
塩…小2

(1) 玉ねぎとにんじんは皮をむき、セロリは筋を
取ってそれぞれみじん切りにする。玉ねぎ、に
んじん、セロリの割合は3：2：1がバランスがよ
い。

(2) 鍋にオリーブオイルと①の野菜を入れ、塩を
ふって混ぜる。

(3) はじめは野菜から水分を出しながら蒸し焼き
にするように加熱する。

(4) 野菜の水分が飛んでパチパチと音がしてきた
ら、こまめに回しながら飴色になるまで20分
以上じっくり炒める。

(保存) 冷蔵で5日ほど、冷凍で1カ月。

大人のケチャップ

マイルドな味で、コクのある甘みが素材の味を引き立たせます。

材料・作りやすい分量

紫玉ねぎ…½個
シナモンスティック…2本
ナツメグ…小¼
ローリエ…2枚
トマトピューレ…400㎖
白ワインビネガー…大1
塩…小1弱
きび砂糖…小2
オリーブオイル…大1と小1

(1) 鍋にオリーブオイル、紫玉ねぎのスライス、塩、シナモンスティック、ナツメグ、ローリエを入れ、紫玉ねぎがしんなりするまで炒める。

(2) ①に白ワインビネガーを加えて酸を飛ばし、トマトピューレを入れ中火でとろみがつくまで加熱する。砂糖を加え、味をみて塩で調節する。ホールスパイスを取り除き、ブレンダーで撹拌する。

(保存) 冷蔵で4〜5日ほど。冷凍で1カ月。

香るタバスコ

フレッシュな生唐辛子で作る、爽やかな辛さ。

材料・作りやすい分量

生唐辛子…400g
塩…60g
米酢…500㎖

(1) 生唐辛子を半割りにして種を抜いたら、塩をふって一日おいてなじませる。

(2) ①に米酢を入れ、ブレンダーで撹拌したら、40℃で72時間発酵させる。

(3) ②を冷蔵庫で2週間寝かせ、ざるなどで濾す。

(保存) 冷蔵で3年ほど寝かせると味がよくなる。

やさしいマヨネーズ

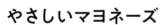

たった10秒でできる！ ふわっとライトな風味。

材料・作りやすい分量

卵（全卵）…1個
米油…125㎖
りんご酢…小1強
白ワインビネガー…小1強
塩…小½弱

(1) 容器に全ての材料を入れ、ブレンダーで撹拌する。

(保存) 冷蔵で3日ほど。

※保存期間はおいしく食べられる目安です。瓶など密封できる清潔な容器で保存してください。

香味野菜の万能ダレ

≫ 焼いたお肉に抜群に合います。
オリーブオイルをごま油に代えると中華風に。

材料・作りやすい分量

にんにくの芽 (ニラでもOK)…120g
酒…100㎖
青唐辛子 (赤唐辛子でもOK)…1本
A 甘口醤油…200㎖
酢…大2と小1
きび砂糖…大1弱
豆板醬…小½
煎りごま…大1と½
オリーブオイル…大2

① 鍋に湯を沸かして塩（湯の容量の1.5%が目安、分量外）を加え、にんにくの芽を2分ほどゆでたら冷水にとり、水気を切って小口切りにする。

② 鍋に酒を入れ、沸騰させてアルコール分を飛ばす。Aと煎りごま、輪切りにした青唐辛子を加え、再び沸いたら火を止める。粗熱がとれたら保存容器に移しオリーブオイルを加える。冷蔵庫で一日寝かせると味がなじむ。

保存 冷蔵で1週間ほど。

肉ふりかけ

≫ ごはんにかけたり、冷やしうどんに入れたり！ お弁当にも重宝します。

材料・2人分

豚ひき肉…140g
塩…適量
黒こしょう…適量
ごま油…小2
にんにく…1片 (みじん切り)
生姜…1かけ (みじん切り)
豆板醬…小1と½弱
甜麺醬…小1と½弱
酒…小2
みりん…大1と小1

① フライパンにごま油をひき、にんにくと生姜を炒めて香りを立たせる。

② ①に豆板醬と甜麺醬を加え、弱火でごま油の中で混ぜて香りを出す。ひき肉を加え、塩・黒こしょうをして軽く焼き色がつくまで炒め、酒とみりんを入れて汁気がなくなるまで煮詰める。

保存 冷蔵で3〜4日ほど。

食べるりんごドレッシング

>> 野菜サラダはもちろん、ハンバーグやステーキソースにも！

材料・作りやすい分量

りんご（皮付き）…1個
玉ねぎ（あれば新玉ねぎ）
　　　…½個
にんにく…1片（10g）
A ┌ 濃口醤油…100㎖
　├ みりん…50㎖
　└ りんご酢…100㎖
米油…適量

① Aを容器に入れ、2㎝の角切りにしたりんごと玉ねぎ、芯を抜いたにんにくを加え、落としラップをし冷蔵庫で一日マリネする。

② ブレンダーなどで攪拌する。

※食べる直前に必要な量をとり、米油を入れてよくふって使用する。

（保存） 冷蔵で4日ほど、冷凍で1カ月。

ハーブオイル

>> かけるだけで料理が格上げ！ 色鮮やかなので、彩りにも使えます。

材料・作りやすい分量

ディル、パセリ、
　　イタリアンパセリなど
　　（フレッシュハーブの葉）
　　…50g
白ごま油、菜種油など
　　（香りのないもの）
　　…100㎖

① 容器にオイルとハーブを加え、ブレンダーで攪拌する。

② ざるにキッチンペーパーを敷き、冷蔵庫で一晩ゆっくりとオイルを抽出する。

（保存） 冷蔵で1週間ほど。

にんにくオイル

>> これを作っておくと、パスタや炒め物にさっと使えて便利。

材料・作りやすい分量

にんにく…5片
オリーブオイル…150㎖

① にんにくの皮をむき、半分に切る。

② フライパンにオリーブオイルとにんにくを入れて弱火で加熱する。

③ ふつふつとして香りが立ち、軽く色がついたら火を止め、そのまま冷ましておく。

（保存） 冷蔵で1週間ほど。

野菜・キノコ

青ねぎ ················ 75, 76
アスパラガス ················ 30, 35, 52, 58
キャベツ ················ 20
きゅうり ················ 44, 75
じゃがいも ················ 38, 53, 54, 56, 57
生姜 ················ 22, 26, 28, 82, 106
白舞茸 ················ 66
ズッキーニ ················ 36, 52, 58
スプラウト ················ 46
セロリ ················ 12, 58, 104
玉ねぎ ················ 12, 18, 22, 38, 57,
58, 82, 84, 104, 107
トマト ················ 90, 96
長ねぎ ················ 28, 77
なす ················ 49
にんじん ················ 12, 58, 104
にんにく ········ 22, 26, 28, 30, 32, 36, 38,
42, 50, 51, 54, 56, 66, 68, 70, 72,
82, 84, 92, 94, 100, 106, 107
にんにくの芽 ················ 106
パプリカ ················ 84
ピーマン ················ 62
ほうれんそう ················ 50
マッシュルーム ················ 51, 62
水菜 ················ 70
三つ葉 ················ 81
ミニトマト ················ 30, 36, 38, 42, 44,
58, 62, 75, 92, 100
みょうが ················ 49
紫玉ねぎ ················ 62, 90, 105
ラディッシュ ················ 46
レッドオーク・リーフレタス ················ 42
レンコン ················ 28

果物

グレープフルーツ ················ 46
すだち ················ 46
りんご ················ 91, 107
レモン ····· 35, 42, 44, 56, 64, 84, 91, 100

肉類

牛豚合びき肉 ················ 18
牛もも肉スライス ················ 30
ソーセージ ················ 62
鶏むね肉 ················ 77, 92
鶏むねひき肉 ················ 15, 94
鶏もも肉 ················ 26, 28, 57, 82, 84
生ハムスライス ················ 72, 90
ハチノス ················ 32
豚バラ肉 ················ 22, 70
豚ひき肉 ················ 68, 72, 106
ベーコン ················ 38, 51, 74

魚介・海藻類

鰹節 ················ 13, 81
刻み海苔 ················ 64, 81
昆布 ················ 12, 13, 14, 15, 58
シラス ················ 80
スルメイカ ················ 100
鯛 ················ 36, 46, 81
鯛のあら ················ 14
タコ ················ 46, 56
ツナ油漬け ················ 44
トラウトサーモン ················ 35
生海苔 ················ 36
ホヤ ················ 46
ミル貝 ················ 46

INDEX

食材別さくいん

明太子 ……………………………………… 64
焼き海苔 ……………………………………… 75, 76

乳製品

牛乳 ………………………………… 18, 42, 53
グラナパダーノ ……………………………… 58
粉チーズ ……………………… 42, 74, 96, 98
生クリーム ………………… 38, 53, 94, 98
バター … 18, 53, 54, 62, 64, 66, 72, 91, 94
パルミジャーノレッジャーノ …… 30, 42, 74
ペコリーノチーズ …………………………… 94
ミックスチーズ ……………………………… 38
モッツァレラチーズ ………………………… 92

ハーブ・香辛料

青唐辛子 ………………………………… 106
赤唐辛子 …… 32, 50, 51, 56, 66, 70, 94
イタリアンパセリ …………… 44, 56, 66,
                          68, 72, 94, 100, 107
オレガノ（乾燥）……………………………… 92
クミン ……………………………………… 57, 82
コリアンダー ………………………………… 82
しそ ……………………………… 46, 49, 70
シナモンスティック ……………………… 105
スペアミント ……………… 30, 32, 52
ターメリック ………………………………… 82
チリパウダー ………………………………… 82
ディル ……………………………… 44, 107
ナツメグ ……………………………… 18, 105
生唐辛子 …………………………………… 105
バジル、ミニバジル ……… 44, 84, 92, 96
パセリ ……………………………… 12, 107
ルッコラ ……………………………… 30, 90
ローリエ ……………………………… 20, 105

ローズマリー ……………………… 54, 68, 72

穀類

余ったパスタ ………………………………… 96
余ったパン ………………………………… 100
イタリア米 …………………………………… 44
うどん（冷凍）……………………… 72, 74
切りもち ……………………………………… 20
ごはん ……………………………… 80, 81
ジャスミンライス …………………………… 84
スパゲッティ ……………… 62, 64, 68
スパゲッティーニ ………………… 66, 70
そうめん ……………………………………… 75
ペンネ ………………………………………… 94
細中華麺 …………………………………… 76

その他

あられ ……………………………………… 81
アンチョビ ……………………………………… 35
いぶりがっこ ………………………………… 57
煎りごま …………………………………… 106
エディブルフラワー ……………………… 42
オリーブ ……………………………… 35, 44
カリカリ梅 …………………………………… 70
キムチ ……………………………………… 75
ケッパー（酢漬け）………………………… 35
白いんげん豆の水煮 ……………………… 32
白ごま ……………………………………… 75
卵 … 18, 74, 77, 80, 84, 92, 94, 96, 98, 105
粒マスタード ……………………… 35, 57
ドライトマト ………………………………… 13
納豆 ………………………………………… 68
ピスタチオ …………………………………… 42
麩 …………………………………………… 18

CONCLUSION

あとがき

　本書の企画を提案してくださったPHPエディターズ・グループの伊藤さんの熱い想いにつられて、新しいジャンルにも挑戦してみようと思い、掲載するメニュー選び、レシピ作成と走り出しました。

　そして、この本を僕と同じベクトルで一緒に作ってくださった、カメラマンの三東さん、デザイナーの千葉さんのお陰もあり、無事ここまで作り上げることができたと思っています。

　また、協賛を快く承諾してくださった僕が普段大変お世話になっている生産者の方々や食器メーカー、輸入商社の方々にも心より御礼申し上げます。

　僕がイタリア料理と出合う前の小学生の頃、日曜日のお昼に、お味噌汁を作ったり、出汁巻き卵やソーセージを焼いたりして家族のごはんを一人で作っていた記憶があります。そのとき、「おいしい！」と言われたことを今でもよく憶えています。当時、これと

いった特技がなかった僕にとって、そのひと言がどんなに嬉しかったことか――。

　本書にも登場しているポップ料理や創作料理のベースは、僕の幼い頃の記憶と体験から得たものであり、また、母の愛のある料理をはじめとし、街場のおでん屋さんや焼き鳥屋さん、中華料理屋さんなどの懐かしの味からのインスピレーションの賜物（たまもの）でもあります。

　母の料理で好きなものといえば、あのやさしい手で握ってくれたおにぎりです。

　普段の食材でも、調味料選びや塩をするタイミングなどのちょっとしたコツで、身の回りに溢れているお手軽なうま味調味料を使わずに、これまでになかったおいしさを味わっていただけると確信しています。

　あなたの身の回りの大切な人の笑顔が循環していくことが、僕の何よりの願いです。

ファビオ

器協力
—
日比野陶器
大橋洋食器
Japan Dining Pottery

撮影協力
—
UTSUWA

食材協力
—
モンテ物産株式会社
株式会社Traders Market
株式会社マイスタヴェルク・ホールディングス
まるはら
中吉屋（国産無農薬レモン）
ジェットファーム（アスパラガス）

ファビオ

16歳からイタリアに留学。19歳でローマ発足AISOオリーブオイルソムリエを取得する。20歳からドイツ、イタリアの大衆店から星付きレストランまで6年間修業。まだ星が付かないレストランで部門シェフとして星獲得に貢献し、日本に帰国。現在はYouTubeチャンネルやメディアで活動中。家庭でも本格的な味わいの料理を楽しめる、おもてなし料理を紹介し、多くの視聴者から支持を得ている。
著書に、『ファビオのとっておきパスタ』（ナツメ社）がある。

YouTube
「ファビオ飯」

—
ブックデザイン ◇ 千葉佳子（kasi）
撮影 ◇ 三東サイ
編集 ◇ 伊藤香子

自分史上最高においしくできる
ファビオ式定番おうちごはん

著者	ファビオ
発行者	岡　修平
発行所	株式会社PHPエディターズ・グループ
〒135-0061　江東区豊洲5-6-52
☎03-6204-2931
http://www.peg.co.jp/
発売元　　　株式会社PHP研究所
東京本部　〒135-8137　江東区豊洲5-6-52
　　　　　普及部　☎03-3520-9630
京都本部　〒601-8411　京都市南区西九条北ノ内町11
PHP INTERFACE　https://www.php.co.jp/
印刷所・製本所　　凸版印刷株式会社

©fabio 2021 Printed in Japan　　ISBN978-4-569-85054-2
※本書の無断複製（コピー・スキャン・デジタル化等）は著作権法で認められた場合を除き、禁じられています。また、本書を代行業者等に依頼してスキャンやデジタル化することは、いかなる場合でも認められておりません。
※落丁・乱丁本の場合は弊社制作管理部（☎03-3520-9626）へご連絡下さい。送料弊社負担にてお取り替えいたします。